www.kreative-manufaktur.de
Jetzt auch online
Selbermachen. Genießen. Verschenken.

Selbermachen. Genießen. Verschenken.

Kleine Kuchen aus der kreativen Manufaktur
sind schöne Geschenke und Mitbringsel:
mit Sorgfalt hergestellt, mit Liebe verpackt.

Karina Schmidt • Gesine Harth

KLEINE KUCHEN
ZUM VERSCHENKEN

Süße Rezepte, die Freude machen

Inhalt

Kleines Kuchenglück

Kuchenbacken ist das pure Glück. Es ist einfach entspannend, gemütlich mit feinen Zutaten in der Küche zu hantieren, wie in Kindertagen ein wenig vom Teig zu naschen, dem Kuchenduft, der durchs Haus zieht, nachzuschnuppern und zum Schluss das leckere Backwerk mit feiner Creme, bunten Perlen oder Schokoguss zu verzieren. Und das Allerbeste ist natürlich, das Ergebnis der Backkünste zu genießen und mit anderen teilen zu können.

Denn Kuchenbacken macht einfach Freude. Nicht nur beim Backen, sondern auch beim Verschenken. Deshalb sind kleine Kuchen wunderbare Mitbringsel für ganz unterschiedliche Gelegenheiten. Egal ob Schoko-Kokos-Kuchen, Pfirsich-Tartelettes, Honig-Zimt-Cupcakes oder Beeren-Whoopie Pies, gebackenes Glück kommt einfach immer gut an.

Und damit man dem Backwerk die Liebe und Sorgfalt, die drinstecken, auch gleich ansieht, wird jedem Rezept eine Verpackungsidee zur Seite gestellt. Von einfach bis etwas aufwendiger ist für jedes Zeitbudget etwas dabei. Viel Spaß beim Backen und Schenken.

Schoko-Whoopie Pies mit Marshmallows

Schlagen Sie das Ei, den Zucker und Vanillezucker mit den Schneebesen des Handrührgerätes ca. 1 Minute lang auf höchster Stufe dickcremig auf, bis sich der Zucker aufgelöst hat. Geben Sie anschließend langsam den Joghurt dazu, dann die Butter.

Mischen Sie das Mehl, Kakaopulver und Natron und verrühren Sie alles mit der Eier-Zucker-Mischung. Den Teig mindestens 20 Minuten in den Kühlschrank stellen. Heizen Sie den Backofen auf 180 °C Ober-/Unterhitze vor. Legen Sie zwei Backbleche mit Backpapier aus. Geben Sie nun mit einem Eisportionierer je acht bis zwölf Kreise (ø ca. 3 bis 4 cm) auf ein Blech. Lassen Sie ausreichend Platz zwischen den einzelnen Teigkreisen, da der Teig beim Backen noch etwas in die Breite ausläuft. 12 bis 14 Minuten backen.

Für die Creme kochen Sie den Zucker mit dem Wasser zu einem dicklichen Sirup. Schlagen Sie die Eiweiße und das Salz steif. Wenn der Eischnee Spitzen zieht, den Vanillezucker zugeben. Nun den Sirup langsam zugießen und alles zwischen 4 bis 6 Minuten auf höchster Stufe schlagen, bis eine glänzende, feste Creme entstanden ist. Füllen Sie die Creme mit Teelöffeln auf die Hälfte der Whoopie Pies. Setzen Sie jeweils einen zweiten Whoopie Pie auf die Creme. Fertig! Die Schoko-Whoopie Pies sind gekühlt ca. 2 Tage haltbar.

Die Verpackung für die Whoopie Pies finden Sie auf Seite 10/11.

Zutaten für 8-12 Whoopie Pies

Für den Teig

1 Ei
150 g Rohrohrzucker
1 Pck. Vanillezucker
150 g fettarmer Joghurt
75 g geschmolzene Butter
200 g Mehl
75 g Kakao (ohne Zuckerzusatz), entölt
¾ TL Natron

Für die Füllung

160 g Zucker
160 ml Wasser
2 Eiweiß
1 Prise Salz
1 Pck. Vanillezucker

Schiebe-Kartons für die Whoopie Pies

Übertragen Sie die Vorlagen auf die Rückseite des Kraftkartons und schneiden Sie die durchgezogenen Linien aus. Legen Sie das Lineal an die gestrichelten Linien an und fahren Sie diese mit dem Falzbein nach. An den entstandenen Rillen lässt sich der Karton einfach und ohne Brüche falten.

Aus dem rechteckigen Faltbogen entsteht die Außenhülle der Schachtel. Bestempeln Sie die Vorderseite wie auf dem Foto. Ist die Farbe getrocknet, können Sie die schmale Klebelasche an der Innenseite (Rückseite) der gegenüberliegenden Kante befestigen.

Aus dem zweiten Faltbogen wird das Schubfach hergestellt. Bekleben Sie dazu die Rückseiten der vier äußeren Rechtecke mit doppelseitigem Klebeband oder Klebstoff. Stellen Sie die zwei langen Seiten im rechten Winkel zum Boden auf, klappen Sie die beiden äußeren Rechtecke in das Innere des Schubfachs und befestigen Sie sie dort. Verfahren Sie ebenso mit den kurzen Seiten. Hierbei sollten die kurzen Laschen der langen Seitenteile um 90 Grad abgewinkelt sein, bevor Sie die äußeren Rechtecke nach innen stülpen.

Stanzen Sie in eine der beiden kurzen Seiten ein Loch und befestigen Sie dort eine Niete oder Öse. Das ca. 15 cm lange Textilband fädeln Sie mit beiden Enden durch die Öse und verknoten es im Schachtelinneren.

Material

Kraftkarton
Öse oder Niete in Silber
Textilband in Pink
Buchstabenstempel
Stempelkissen in Weiß
Klebstoff oder doppelseitiges Klebeband
Cutter oder Schere
Falzbein
Eyeletsetter oder Ösenzange
Lineal
Lochzange

Vorlage Seite 58/59

Beeren-Whoopie Pies
fruchtiges Vergnügen

Schmelzen Sie die Zartbitter- und Vollmilchschokolade in einer Schüssel im Wasserbad. Rühren Sie die Butter, saure Sahne, Eier, Essig und das Vanillemark schaumig. In einer weiteren Schüssel mischen Sie Mehl, Zucker, Kakao, Backpulver, Natron und Salz. Rühren Sie die trockene Mischung in vier Etappen unter die Butter-Eier-Masse, bis der Teig eine homogene Konsistenz hat. Nun wird die geschmolzene Schokolade untergerührt. Die Schüssel abdecken und den Teig mindestens 20 Minuten in den Kühlschrank stellen.

Heizen Sie den Backofen auf 180 °C Ober-/Unterhitze vor. Setzen Sie mit einem Eisportionierer oder zwei Esslöffeln je acht Kreise auf ein mit Backpapier ausgelegtes Blech. Backen Sie die Kekse 8 bis 10 Minuten auf der mittleren Schiene des Backofens. Danach abkühlen lassen.

Für die Füllung schlagen Sie die Sahne und den Vanillezucker mit den Schneebesen des Handrührgeräts steif. Geben Sie jeweils einen Esslöffel Füllung sowie einige frische Himbeeren zwischen zwei Kekse. Die Whoopie Pies vor dem Servieren mindestens für 30 Minuten in den Kühlschrank stellen.

Die Beeren-Whoopie Pies sind gekühlt etwa 2 Tage haltbar.

Die Verpackungsidee für die Beeren-Whoopie Pies finden Sie auf Seite 14/15.

Zutaten für 12–16 Whoopie Pies

Für den Teig
50 g Zartbitter-schokolade, gehackt
30 g Vollmilch-schokolade, gehackt
120 g zimmerwarme Butter
60 g saure Sahne
2 Eier
1 ½ TL Apfelessig
½ Vanilleschote, ausgekratztes Mark
270 g Mehl
120 g Zucker
2 EL Kakao, (ohne Zuckerzusatz, entölt)
2 TL Backpulver
¼ TL Natron
½ TL Salz

Für die Füllung
300 ml Sahne
2 Pck. Vanillezucker
150 g frische Him-beeren, geputzt

Fähnchen-Tüten für die Beeren-Whoopie Pies

Stanzen Sie die Tütenöffnung mithilfe eines Bordürenstanzers in Form. Alternativ zum Bordürenstanzer können Sie die Kante auch mit einer Konturenschere verzieren. Danach beschriften Sie die Tüte mit Buchstabenstempeln und Stempelfarbe.

Für die Fähnchen kleben Sie einen ca. 6 cm langen Masking-Tape-Streifen um die Spitze eines Zahnstochers. Schneiden Sie am Ende ein Dreieck aus dem Tape, sodass eine Doppelspitze entsteht.

Legen Sie einen Whoopie Pie in die Tüte und falten Sie die Papieröffnung nach vorne um. Stanzen Sie nun mit einer Lochzange zwei kleine Löcher in die Tüte, durch die Sie den Zahnstocher stecken.

Material

Papiertüten in Weiß
Zahnstocher
Masking Tape
Buchstabenstempel
Stempelfarben in Rot, Pink und Violett
Bordürenstanzer oder Konturenschere
Lochzange

Orangentarte
feiner Wintergenuss

Mischen Sie Mehl, Salz, Zucker und Vanillezucker in einer Schüssel. Öl und Butter zugeben und mit den Knethaken des Handrührgeräts verrühren. Zum Schluss den Teig von Hand kneten, bis Sie eine glatte Kugel vor sich liegen haben. Den Teig in Frischhaltefolie wickeln und für 1 Stunde kühl stellen.

Heizen Sie den Backofen auf 200 °C Ober-/Unterhitze vor. Fetten Sie die Tarteform mit Butter ein. Bestäuben Sie die Arbeitsfläche mit etwas Mehl und rollen Sie den Teig zu einer runden Platte aus. Legen Sie den Teig in die Form und drücken Sie ihn ringsum ca. 2 bis 3 cm am Rand hoch. Verstreichen Sie 2 Esslöffel Orangenmarmelade auf dem Teigboden. Verrühren Sie die Sahne mit Zucker, Eiern und Orangenschale und gießen Sie die Mischung in die Tarteform. Schälen Sie die Orangen komplett, sodass auch die weiße Haut entfernt wird. Schneiden Sie die Orangen quer in Scheiben und legen Sie sie dachziegelartig in die Form. Backen Sie die Tarte ca. 30 Minuten auf der mittleren Schiene. Herausnehmen und vollständig erkalten lassen.

Erwärmen Sie die restliche Orangenmarmelade. Verstreichen Sie diese Mischung auf den Orangenscheiben der Tarte. Die Orangentarte ist gekühlt ca. 2 Tage haltbar.

Die Verpackungsidee für die Orangentarte finden Sie auf Seite 18/19.

Zutaten für 1 Tarteform (ø 15–18 cm)

Für den Teig
150 g Mehl
1 Prise Salz
15 g Zucker
½ Pck. Vanillezucker
20 ml Pflanzenöl
100 g Butter, in Stücke geschnitten

Für den Belag
4 EL bittere Orangenmarmelade
75 ml Sahne
2 EL Zucker
2 Eier
3 Bio-Orangen, abgeriebene Schale einer Orange
2 EL Schokostreusel

Butter für die Form
Mehl zum Ausrollen

Dekorative Rosetten für die Orangentarte

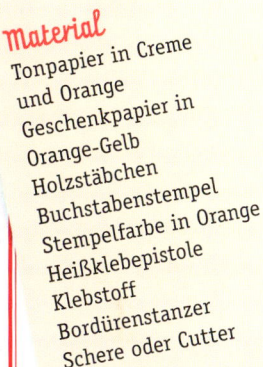

Material

Tonpapier in Creme und Orange
Geschenkpapier in Orange-Gelb
Holzstäbchen
Buchstabenstempel
Stempelfarbe in Orange
Heißklebepistole
Klebstoff
Bordürenstanzer
Schere oder Cutter

Schneiden oder stanzen Sie für das Etikett einen ca. 5 cm großen Kreis aus dem orangefarbenen Tonpapier. Aus dem hellen Papier schneiden oder stanzen Sie einen Kreis mit einem Durchmesser von ca. 4,5 cm, den Sie mithilfe von Buchstabenstempeln und Stempelfarbe beschriften. Sobald die Stempelfarbe getrocknet ist, können Sie die beiden Papierkreise mittig übereinanderkleben.

Für die Rosette bearbeiten Sie eine lange Seite eines ca. 38 x 6 cm langen Streifens aus Geschenkpapier mit einem Bordürenstanzer. Das Endmaß des Streifens sollte danach 38 x 5 cm betragen. Falten Sie das Papier im Abstand von 8 mm zu einer Ziehharmonika. Alternativ zum Bordürenstanzer können Sie eine Ecke je Falz mit der Schere abrunden.

Kleben Sie die beiden schmalen Enden des Streifens aneinander, sodass Sie ein geschlossenes Papierband erhalten. Falten Sie die unbearbeitete lange Seite zusammen, diese bildet nun den Mittelpunkt der Rosette. Drücken Sie die Falten flach auf Ihre Arbeitsfläche, sodass der verzierte Rand den äußeren Abschluss der Rosette bildet.

Mit Heißkleber können Sie nun das Etikett mittig auf die Rosette kleben und damit ihren Mittelpunkt fixieren. Das Holzstäbchen fixieren Sie ebenfalls mit Heißkleber auf der Rückseite der Rosette.

Aprikosen-Tartelettes mit Rotwein

Fetten Sie die Tartelettefförmchen ein. Heizen Sie den Backofen auf 200 °C Ober-/Unterhitze vor.

Mischen Sie Mehl und Backpulver in einer Schüssel. Geben Sie anschließend die Mandeln, Schokoblättchen, Rosinen, Zucker, Vanillezucker, Eier, Öl, Rotwein und Zitronensaft dazu. Verrühren Sie die Zutaten mit den Schneebesen des Handrührgeräts etwa 2 Minuten lang.

Füllen Sie den Teig esslöffelweise in die Formen und verteilen Sie die Aprikosen rosettenförmig darauf. Backen Sie die Tartelettes auf der mittleren Schiene des Backofens ca. 30 bis 40 Minuten. Die Tarteletteformen herausnehmen und 15 Minuten abkühlen lassen. Anschließend die Tartelettes herauslösen und vollständig abkühlen lassen. Die Tartelettes mit Puderzucker bestäuben.

Die Aprikosen-Tartelettes sind gekühlt ca. 2 Tage haltbar.

Die Verpackungsidee für die Aprikosen-Tartelettes finden Sie auf Seite 22/23.

Zutaten für 6 Tartelettes (ø 8 – 10 cm)

Für den Teig
150 g Weizenmehl
2 gestrichene TL Backpulver
170 g gestiftelte Mandeln
3 EL Schokoblättchen
80 g Rosinen
100 g brauner Zucker
1 Pck. Vanillezucker
2 Eier
5 EL Öl
100 ml Rotwein
1 EL Zitronensaft
500 g Aprikosen, entsteint und in Schnitze geschnitten
1 EL Puderzucker

Butter für die Förmchen

Kuchenschachteln für die Tartelettes

Material

Kraftkarton
PVC-Folie
Geschenkband in Schwarz-Weiß
Kopierpapier
doppelseitiges Klebeband
Klebstoff
Schere oder Cutter
Falzbein
Lineal
Kopierer

Vorlage Seite 56

Übertragen Sie die Vorlagen auf die Rückseite des Kraftkartons und schneiden Sie die durchgezogenen Linien aus. Die Schablonen sind an eine Tarte mit einem Durchmesser von 10–12 cm und einer Höhe von 3 cm angepasst.

Legen Sie an den gestrichelten Linien ein Lineal an und reiben Sie mit dem Falzbein eine Rille in den Karton. An diesen Falzen lässt sich der Karton präzise und sauber falten.

Bevor Sie die Schachtelteile zusammenkleben, sollten Sie den Deckel gestalten. Die Vorlage des Etiketts kopieren Sie auf weißes Papier und schneiden es an der äußeren Kontur aus. Kleben Sie den Papierkreis wie abgebildet auf den Schachteldeckel.

Das Sichtfenster hinterkleben Sie mit einer PVC-Folie, die Sie zunächst in der Größe des Deckels zuschneiden und anschließend an den äußeren Rändern mit doppelseitigem Klebeband auf der Rückseite des Kartons befestigen. Anschließend versehen Sie jeweils die vier kleinen Laschen jedes Faltbogens mit Klebstoff und montieren die beiden Schachtelhälften.

Um den Karton vor Fettflecken zu schützen, können Sie den Boden mit Backpapier auslegen. Legen Sie die Tarte in die Schachtel und binden Sie ein Geschenkband darum.

Mehl, Zucker,
Eier, Milch ... aus
einfachen Grundzutaten
entsteht traumhaftes Backwerk,
das durch besondere Zutaten oder
hübsche Dekoration das gewisse Etwas
erhält. Lassen Sie sich von den
Rezeptkreationen inspirieren.
An die Rührschüssel,
fertig, los!

Pfirsich-Tartelettes mit Marzipanguss

Lassen Sie für den Belag die Pfirsiche abtropfen. Schneiden Sie die Pfirsichhälften in Schnitze. Anschließend die Formen einfetten und den Backofen auf 200 °C Ober-/Unterhitze vorheizen.

Mischen Sie für den Teig das Mehl und das Backpulver in einer Schüssel und geben Sie Quark, Zucker, Milch, Öl und Salz dazu. Verkneten Sie die Zutaten mit den Knethaken des Handrührgeräts auf der höchsten Stufe. Nun rollen Sie den Teig aus und schneiden acht Kreise aus – ca. 2 cm größer als der Durchmesser der Tarteletteformen. Den Teig in die Formen legen, am Rand leicht andrücken und die überstehenden Ränder abschneiden. Die gemahlenen Mandeln auf den Teigboden streuen und die Pfirsichhälften darauf verteilen.

Für den Guss pürieren Sie das Marzipan mit dem Schmand. Geben Sie die Eier, Stärke und Vanillemark hinzu und verteilen Sie den Guss in den Formen. Zum Abschluss die Ränder mit Mandelblättchen bestreuen.

Backen Sie die Tartelettes auf der mittleren Schiene des Backofens etwa 25 bis 30 Minuten. Die Tartelettes können sowohl lauwarm als auch kalt serviert werden.
Die Pfirsich-Tartelettes sind gekühlt ca. 2 Tage haltbar.

Die Verpackungsidee für die Pfirsich-Tartelettes finden Sie auf Seite 28/29.

Zutaten für 8 Tartelettes (ø 10–12 cm)

Für den Teig
400 g Mehl
1 Pck. Backpulver
200 g Magerquark
100 g Zucker
80 ml Milch
80 ml Öl
1 Prise Salz

Für den Belag
1 Dose Pfirsichhälften (ca. 800 g Einwaage)
4 EL gemahlene Mandeln

Für den Guss
100 g Marzipan-Rohmasse, in sehr kleine Stücke geschnitten
250 g Schmand
4 Eier
2 EL Stärke
½ Vanilleschote, ausgekratztes Mark
3 EL Mandelblättchen

Butter zum Einfetten der Formen

Seidenpapier-Quasten für die Pfirsich-Tartelettes

Material
Seidenpapier in Orange, Violett, Rosa und Pink
Goldkordel
Holzstäbchen
Cutter oder Schere
Klebstoff

Schneiden Sie aus dem Seidenpapier 5 mm breite und 20 cm lange Streifen. Pro Quaste legen Sie ca. zwölf Streifen in der Mitte über ein Holzstäbchen. Wickeln Sie die Goldkordel unter dem Stäbchen um die Papierstreifen und fixieren Sie diese mit einem festen Knoten. Ziehen Sie danach die Quaste vom Holzstäbchen und fädeln Sie sie auf eine ca. 20 cm lange Goldkordel.

Fertigen Sie drei weitere Quasten auf die gleiche Weise an und fädeln Sie auch diese auf die Goldkordel. Damit die Quasten nicht verrutschen können, fixieren Sie sie mit einem Tropfen Klebstoff an der Kordel.

Die Holzstäbchen können am oberen Ende mit einem Cutter etwas eingeschnitten werden. In diese Spalten kann die Goldkordel eingeklemmt werden. Anschließend stecken Sie die Holzstäbchen in die Pfirsich-Tarte.

Schoko-Kokoskuchen
weiße Schoko
trifft Kokos

Heizen Sie den Backofen auf 180 °C vor. Rühren Sie Butter, Salz, Zucker und Vanillezucker schaumig. Geben Sie die Eier einzeln hinzu und anschließend die Kokosmilch. Nun das Mehl, weiße Schokolade, Kokosraspeln und das Backpulver unterrühren.

Den Teig in die gefetteten Gugelhupfförmchen geben. In 25 bis 30 Minuten auf der mittleren Schiene des Backofens goldbraun backen.

Nehmen Sie die Gugelhupfe aus dem Ofen, stürzen Sie sie und stechen Sie mit einer Gabel einige Male hinein. Beträufeln Sie die kleinen Kuchen mit Orangensaft. Abkühlen lassen und mit Puderzucker bestäuben oder mit Schokoglasur überziehen.

Die Schoko-Kokoskuchen sind etwa 3 Tage haltbar.

Die Verpackungsidee für die Schoko-Kokoskuchen finden Sie auf Seite 32/33.

Zutaten für 8–10 kleine Gugelhupfe, ⌀ 5–6 cm

150 g zimmerwarme Butter
1 Prise Salz
125 g Zucker
1 Pck. Vanillezucker
2 Eier
80 ml Kokosmilch
125 g Mehl
100 g weiße Schokolade, grob gehackt
100 g Kokosraspeln
½ Pck. Backpulver
Saft einer Orange
Puderzucker oder weißer Schokoguss, 150 g
Butter für die Gugelhupfformen

Zartrosa Schachteln für den Kokoskuchen

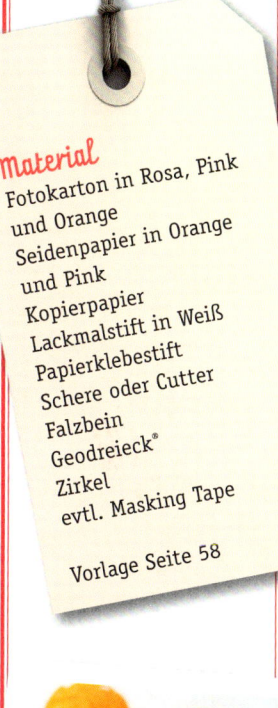

Stellen Sie die Schachtel wie auf Seite 23 beschrieben her.

Für die Wabenhalbkugel schneiden Sie 24 Rechtecke aus Seidenpapier in der Größe 6 cm x 3,5 cm zu. Ziehen Sie auf einem weißen Papier abwechselnd durchgezogene und gestrichelte Linien im Abstand von 1,3 cm. Legen Sie nun das erste Rechteck aus Seidenpapier mittig darauf (die kurzen Seiten parallel zu den Linien). Die Linien sollten länger als das Seidenpapier und durch das Seidenpapier hindurch sichtbar sein.

Fixieren Sie mit Masking Tape gegebenenfalls die erste Papierlage auf dem Untergrund. Kleben Sie nun Lage für Lage alle Seidenpapiere übereinander. Hierfür streichen Sie mit dem Klebestift ca. 2 mm schmale Streifen: abwechselnd entlang der gestrichelten, bei der nächsten Papierlage entlang der durchgezogenen Linien.

Versehen Sie alle Papierlagen an einer der beiden langen Seiten mit einer geraden Schnittkante. An dieser Kante legen Sie die Schablone eines Halbkreises (ø 5 cm) an und schneiden das überstehende Seidenpapier ab. Schneiden Sie aus Fotokarton einen Kreis (ø 5 cm) aus und schneiden Sie ihn in der Mitte auseinander. Kleben Sie nun diese Halbkreise auf die beiden äußeren Seidenpapierlagen. Nun können Sie die Wabenhalbkugel auffalten. Für das Etikett schneiden Sie zwei 10 cm x 1,2 cm große Streifen aus Fotokarton und beschriften diese.

Material

Fotokarton in Rosa, Pink und Orange
Seidenpapier in Orange und Pink
Kopierpapier
Lackmalstift in Weiß
Papierklebestift
Schere oder Cutter
Falzbein
Geodreieck®
Zirkel
evtl. Masking Tape

Vorlage Seite 58

Karamell-Cupcakes mit Creme-Topping

Geben Sie die Schoko-Toffees mit der Sahne in einen Topf und bringen Sie alles unter Rühren zum Kochen, bis die Karamellen geschmolzen sind. Würzen Sie mit dem Kardamom. Geben Sie die Masse in eine Rührschüssel und stellen Sie sie für mindestens zwölf Stunden in den Kühlschrank.

Schmelzen Sie für den Teig die Vollmilchschokolade mit der Butter in einer Schüssel im Wasserbad. Heizen Sie in der Zwischenzeit den Backofen auf 180 °C Ober-/Unterhitze vor. Setzen Sie Papiermuffinförmchen in die Mulden.

Vermischen Sie das Mehl mit dem Backpulver, dem Natron, der geschmolzenen Schokolade, dem Zucker, Vanillemark und Salz. Verquirlen Sie die Eier mit dem Kaffee und dem Rum, geben Sie alles zu der Mehlmischung und verrühren Sie alles. Füllen Sie den Teig in die Muffinförmchen und backen Sie die Cupcakes etwa 20 Minuten auf der mittleren Schiene des Backofens.

Schlagen Sie die Karamellsahne mit dem Sahnesteif auf. Füllen Sie die Creme in einen Spritzbeutel mit Sterntülle. Spritzen Sie kleine Tuffs auf die einzelnen Cupcakes. Die Karamell-Cupcakes sind gekühlt etwa 2 Tage haltbar.

Die Verpackungsidee für die Karamell-Cupcakes finden Sie auf Seite 36/37.

Zutaten für 48 Mini-Cupcakes (ø 4,5 cm)

Für die Karamellcreme
150 g Schoko-Toffees
300 ml Sahne
2 Prisen gemahlener Kardamom
2 Pck. Sahnesteif

Für den Teig
150 g Vollmilch-Schokolade
100 g Butter
250 g Mehl
2 TL Backpulver
½ TL Natron
150 g Zucker
½ Vanilleschote, ausgekratztes Mark
1 Prise Salz
2 Eier
100 ml starker Kaffee
4 EL Rum

evtl. Butter für die Förmchen

Eierkartons
für die Karamell-Cupcakes

Übertragen Sie die Vorlage der Sprechblase auf etwas festeres Papier oder Karton und schneiden Sie das Motiv mit dem Cutter aus dem Papier heraus. Wichtig: Der äußere Teil dient als Schablone und sollte nicht eingeschnitten werden, daher eignet sich ein Cutter besser als eine Schere.

Die so entstandene Maske legen Sie auf den Deckel des Eierkartons und fixieren sie an einigen Stellen mit lösbarem Klebeband (Masking Tape). Tragen Sie nun innerhalb der Maske den schwarzen Tafelgrund in dünnen Schichten auf. Achten Sie darauf, dass keine Farbe unter die Schablone gelangt.

Sobald die Farbe getrocknet ist, entfernen Sie die Maske und beschriften die Sprechblase mithilfe eines Kreidestifts.

Material

Eierkarton in Rosa
Tafelgrund in Schwarz
Tonpapier oder Fotokarton
Kreidestift
Cutter
Pinsel
lösbares Klebeband

Vorlage Seite 57

Schoko-Cupcakes
Minze trifft Schoko

Heizen Sie den Backofen auf 180 °C Ober-/Unterhitze vor. Setzen Sie Papiermuffinförmchen in die Muffinform.

Mischen Sie das Mehl mit Backpulver, Natron, Kakaopulver und Salz. Verquirlen Sie das Ei in einer weiteren Schüssel, geben Sie Zucker, Öl und Buttermilch hinzu. Heben Sie die Mehlmischung unter. Füllen Sie anschließend die Muffinmulden zu zwei Dritteln mit Teig. Backen Sie die Cupcakes auf der mittleren Schiene ca. 20 bis 25 Minuten. Anschließend vollständig auskühlen lassen.

Zupfen Sie die Minzeblätter ab und legen Sie einige Blätter zum Dekorieren beiseite. Pürieren Sie die restlichen Blätter mit einem Schuss Sahne sehr fein. Schlagen Sie die restliche Sahne, den Vanillezucker und das Sahnesteif mit den Schneebesen des Hand-rührgeräts steif. Ziehen Sie das Minzpüree unter die Sahne.

Schneiden Sie einen Deckel von den Cupcakes ab. Füllen Sie die Minz-Sahne in einen Spritzbeutel mit Sterntülle und spritzen Sie drei Viertel der Creme auf die unteren Cupcakehälften. Jeden Cupcake noch mit einem oder zwei Minzeblättern garnieren. Die Cupcakes bis zum Servieren kalt stellen.

Die Schoko-Cupcakes sind gekühlt ca. 2 Tage haltbar.

Die Verpackungsidee für die Schoko-Cupcakes finden Sie auf Seite 42/43.

Zutaten für 12 Cupcakes (ø 7,5 cm)

Für den Teig
275 g Mehl
2 gestrichene TL Backpulver
1 gestrichener TL Natron
3 EL Kakaopulver (ohne Zuckerzusatz), entölt
1 Prise Salz
1 Ei
130 g Zucker
80 ml Öl
300 ml Buttermilch

Für die Creme
½ Bund Minze, geputzt
200 ml Sahne
1 Pck. Vanillezucker
1 Pck. Sahnesteif

evtl. Öl für die Formen

Tütenschachteln für die Schoko-Cupcakes

Material
Kraftkarton oder Scrapbookpapier
Transparentpapier
Papierreste in Rosa, Weiß und Türkis
Stempelfarbe in Rosa
Etikettenstempel
Lackmalstift in Weiß
Schere oder Cutter
Falzbein
Klebstoff
Tacker

Vorlage Seite 59

Übertragen Sie die Vorlage auf die Rückseite des Kraftkartons oder Scrapbookpapiers und schneiden Sie die durchgezogenen Linien aus. Die gestrichelten Linien können Sie auf der Rückseite mit dem Falzbein nachziehen. Die gepunkteten Linien fahren Sie auf der Papiervorderseite mit dem Falzbein nach. Hier lässt sich der Karton dann einfach und ohne Brüche falten.

Kleben Sie danach zunächst die schmale Lasche an der Innenseite der gegenüberliegenden Kante des Faltbogens fest. Anschließend kleben Sie die großen Laschen des Bodens zusammen.

Schneiden Sie aus Transparentpapier und farbigen Papierresten verschieden große Wimpel und Kreise. Bestempeln Sie rosafarbenes Papier mit einem Etikettenstempel und beschriften Sie diesen mithilfe des weißen Stifts.

Stellen Sie einen Cupcake in die Schachtel und stülpen Sie die Etiketten und Wimpel über die Öffnung. Mit einem Tacker können Sie alle Papierlagen miteinander fixieren und die Schachtel verschließen.

Honig-Zimt-Cupcakes
hübsch verziert

Zutaten für 12
Cupcakes (ø 7,5 cm)

Für den Teig
100 g Honig
2 Eier
50 g Zucker
1 TL Zimtpulver
200 ml Sonnen-
blumenöl
200 g Mehl
2 TL Backpulver

Für den Guss
250 g Puderzucker
1 gehäufter EL Kakao
(ohne Zuckerzusatz),
entölt
evtl. 1 EL weißer
Rum oder 1 Röhr-
chen Rumaroma

Für die Glasur
Vollmilchglasur

Heizen Sie den Backofen auf 180 °C Ober-/Unterhitze vor. Fetten Sie das Muffinblech aus. Verrühren Sie den Honig mit den Eiern, dem Zucker und dem Zimt in einer Schüssel und schlagen Sie alles schaumig. Rühren Sie das Sonnenblumenöl nach und nach hinein. Heben Sie Mehl und Backpulver unter. Füllen Sie den Teig mit einem Löffel in die Muffinmulden und backen Sie die Cupcakes etwa 20 bis 25 Minuten.

Rühren Sie währenddessen den Puderzucker mit etwas Wasser – auf Wunsch auch mit Rum oder Rumaroma – in einer kleinen Schüssel zu einem Guss an. Geben Sie jedoch die Flüssigkeit nur teelöffelweise hinzu, denn um eine cremige Konsistenz zu erhalten, wird nur sehr wenig Flüssigkeit benötigt. Geben Sie die Hälfte des Gusses in eine zweite Schüssel und geben Sie den Kakao und ein paar weitere Tropfen Wasser hinzu.

Bestreichen Sie die Muffins, sobald sie aus dem Backofen kommen, sofort mit dem Guss. Bestreuen Sie den getrockneten Guss mit etwas Kakaopulver. Die Cupcakes auskühlen lassen.

Schmelzen Sie die Vollmilchglasur, füllen Sie sie in einen Spritzbeutel und verzieren Sie die Cupcakes. Die Honig-Zimt-Cupcakes sind ca. 3 Tage haltbar.

Die Verpackungsidee für die Honig-Zimt-Cupcakes finden Sie auf Seite 46/47.

Papiermanschetten für die Honig-Zimt-Cupcakes

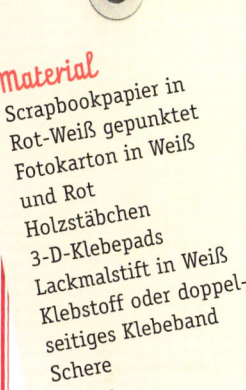

Material

Scrapbookpapier in Rot-Weiß gepunktet
Fotokarton in Weiß und Rot
Holzstäbchen
3-D-Klebepads
Lackmalstift in Weiß
Klebstoff oder doppelseitiges Klebeband
Schere
Cutter

Vorlage Seite 57

Übertragen Sie die Schablone der Manschette auf Scrapbookpapier und schneiden Sie die durchgezogenen Linien mit der Schere oder dem Cutter aus. Legen Sie die Manschette um den Muffin und kleben Sie die überlappenden Enden mit Klebstoff oder doppelseitigem Klebeband zusammen.

Übertragen Sie die größere Herz-Schablone auf weißen Karton und das kleinere Herz auf roten Karton. Schneiden Sie beide Herzen aus und beschriften Sie das rote Motiv mithilfe eines Lackmalstifts mit Ihrem Wunschtext. Mit 3-D-Klebepads als Abstandshalter kleben Sie die beiden Herzen zunächst übereinander und anschließend auf die Manschette.

Für den Topper übertragen Sie die Schablone der Feder auf weißen Karton und schneiden das Motiv aus. Parallel zu den diagonalen Linien schneiden Sie das Papier seitlich ein. Schneiden Sie mit einem Cutter das obere Ende des Holzstäbchens etwas ein und schieben Sie die Feder in die entstandene Spalte. Anschließend können Sie den Topper in den Muffin stecken.

Kirsch-Küchlein im Einmachglas

Wenn Sie tiefgekühlte Kirschen verwenden, tauen Sie sie in einem Sieb auf und achten Sie darauf, dass sie vor der Verwendung gut abtropfen.

Heizen Sie den Backofen auf 180 °C Ober-/Unterhitze vor. Anschließend die Butter und den Zucker 5 Minuten mit den Schneebesen des Handrührgeräts schaumig schlagen. Orangenschale und -saft zugeben. Rühren Sie die Eier nacheinander unter und geben Sie 150 g Mehl, das Backpulver und die Stärke zu. Sieben Sie einen Esslöffel Mehl über die Kirschen, aber bitte nur eine hauchdünne Schicht. Heben Sie nun die Kirschen und Schokoladenchips unter den Teig.

Fetten Sie die Gläser mit Öl ein und füllen Sie jedes Glas zur Hälfte mit Teig. Schieben Sie die Gläser auf einem Blech in den Backofen auf der mittleren Schiene. Backen Sie die Kuchen ca. 25 bis 30 Minuten lang, bis sie goldbraun sind. Verschließen Sie die Gläser nach dem Backen sofort mit den Schraubdeckeln.

Die Kirsch-Küchlein sind ca. 4–6 Wochen haltbar.

Die Verpackungsidee für die Kirsch-Küchlein finden Sie auf Seite 50/51.

Zutaten für 10 Einmachgläser à 200 ml

100 g Kirschen, entsteint
200 g zimmerwarme Butter
150 g Zucker
abgeriebene Schale einer ½ Bio-Orange und 1 EL Saft
4 Eier
150 g Mehl und 1 EL zusätzlich
1 gestrichener TL Backpulver
75 g Stärke
50 g Zartbitter-Schokoladenchips, ersatzweise grob gehackte Schokolade
Öl für die Gläser

Deckel-Deko
für die Kirsch-Küchlein

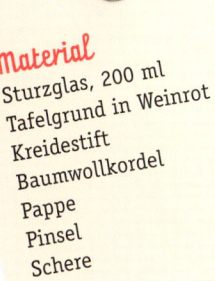
Tragen Sie den Tafelgrund in mehreren Schichten auf den Gefäßdeckel auf, bis die Farbe deckend ist. Für die Trocknungszeit des Tafelgrunds halten Sie sich an die Angaben des Herstellers. Mein Tipp: Sollte der Tafelgrund nicht genau die gewünschte Farbe haben, können Sie ihn mit einer kleinen Menge Acrylfarbe mischen und so den Grundton etwas variieren. Danach können Sie den Deckel mithilfe eines Kreidestifts beschriften.

Für die Quaste wickeln Sie die Kordel mehrmals um einen ca. 5 cm breiten Pappstreifen, bis ein Knäuel entstanden ist. Sobald Sie mit der Dicke der Kordelschicht zufrieden sind, schneiden Sie die Kordel von der Spule und stecken das Kordelende zwischen die Pappe und die aufgewickelten Fäden.

Schieben Sie die aufgewickelten Fäden vorsichtig von der Pappe und fädeln Sie eine weitere Kordel, die so lang ist, dass Sie damit das Glas umwickeln können, durch die Mitte des aufgewickelten Knäuels. Binden Sie nun ein Ende des Knäuels mit einer weiteren Kordel ganz fest ab und verknoten Sie die Enden miteinander. Die eingefädelte Kordel sollte dabei im abgebundenen Bereich liegen. Die Fäden am unteren Ende des Knäuels schneiden Sie auseinander und gegebenenfalls auf eine gleichmäßige Länge. Nun kann die Quaste um das Glas gewickelt werden.

Espresso-Amaretto-Kuchen

Genuss im Glas

Heizen Sie den Backofen auf 180 °C Ober-/Unterhitze vor. Mischen Sie das Mehl mit Backpulver, Kakao- und Espressopulver sowie dem Zucker. Geben Sie die weißen und dunklen Schokoladenchips hinzu. Verquirlen Sie in einer weiteren Schüssel das Ei, Crème fraîche, Amaretto, Milch, Salz und Öl. Heben Sie die Mehl-Schoko-Mischung unter und verrühren Sie alles miteinander.

Fetten Sie die Gläser mit Öl ein und bestreuen Sie sie innen mit Semmelbröseln. Füllen Sie jedes Glas gut zur Hälfte mit Teig. Schieben Sie die Gläser auf einem Blech in den Backofen auf der mittleren Schiene. Backen Sie die Kuchen ca. 20 bis 30 Minuten. Wenn Sie mit einem Schaschlikspieß in die Kuchen piken und beim Herausziehen keine Teigreste daran haften, sind die Kuchen gar. Verschließen Sie die Gläser nach dem Backen sofort mit den Deckeln, Gummiringen und Klammern.

Die Espresso-Amaretto-Kuchen halten sich ca. 4–6 Wochen.

Die Verpackungsidee für die Espresso-Amaretto-Kuchen finden Sie auf Seite 54/55.

Zutaten für 10 Ein-machgläser à 160 ml

300 g Mehl
¾ EL Backpulver
1 ½ EL Kakaopulver (ohne Zuckerzusatz), entölt
1–2 EL Instant-Espressopulver
75 g brauner Zucker
100 g weiße Schokoladenchips, ersatzweise grob gehackte weiße Schokolade
100 g Zartbitter-Schokoladenchips, ersatzweise grob gehackte Schokolade
1 Ei
150 g Crème fraîche
2 EL Amaretto
50 ml Milch
1 Prise Salz
3 EL Öl
Öl für die Gläser
Semmelbrösel zum Ausstreuen der Gläser

ESPRESSO
AMARETTO
KUCHEN

ESPRESSO
AMARETTO
KUCHEN

Edle Deko
für den Espressokuchen

Material

Einmachglas, 160 ml
Blattmetall in Kupfer
Anlegemilch
Kordel in Natur
Fotokarton in Creme
Textstempel zum Selbersetzen
Stempelfarbe in Kupfer
glasfester Stift
Niete in Kupfer
Nietenzange oder Eyeletsetter
Pinsel
Schere oder Cutter
Lochzange

Nachdem der Kuchen in dem Glas gebacken wurde, markieren Sie die gewünschte Höhe des Schlagmetalls mit einem Stift auf dem sauberen und fettfreien Gefäß.

Streichen Sie nun die Anlegemilch dünn und gleichmäßig auf den unteren Teil des Glases bis zur Markierung. Nach 15 bis 20 Minuten Abbindezeit können Sie das Schlagmetall vorsichtig über die Klebefläche legen. Dabei muss das Metall nicht eben und gleichmäßig auf der Oberfläche liegen, sondern darf auch Falten bilden. Tupfen Sie nun das Kupfer mit den Fingerkuppen oder einem weichen und trockenen Pinsel auf den Untergrund, bis die unruhige Fläche geglättet ist. Falten oder Überwürfe können mit einem trockenen Pinsel abgekehrt werden.

Für den Anhänger setzen Sie den Text mithilfe eines Textstempels zum Selbersetzen. Denken Sie daran, dass Sie den Text spiegelverkehrt setzen. Bestempeln Sie damit den cremefarbenen Fotokarton und schneiden Sie anschließend eine Raute, diese kann unregelmäßig sein, aus dem Papier. Bestreichen Sie den unteren Bereich mit Anlegemilch und verfahren Sie danach wie oben beschrieben mit dem Blattmetall.

Versehen Sie den Anhänger mit einem kleinen Loch und anschließend mit einer Niete. Fädeln Sie das Etikett auf eine Kordel und wickeln Sie dieses um das Kuchenglas.

Vorlagen

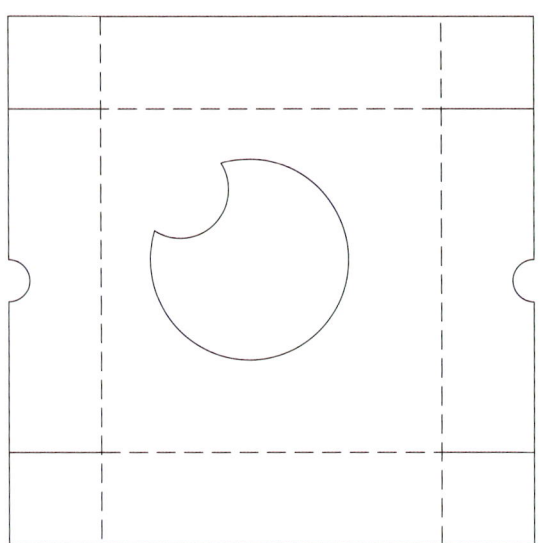

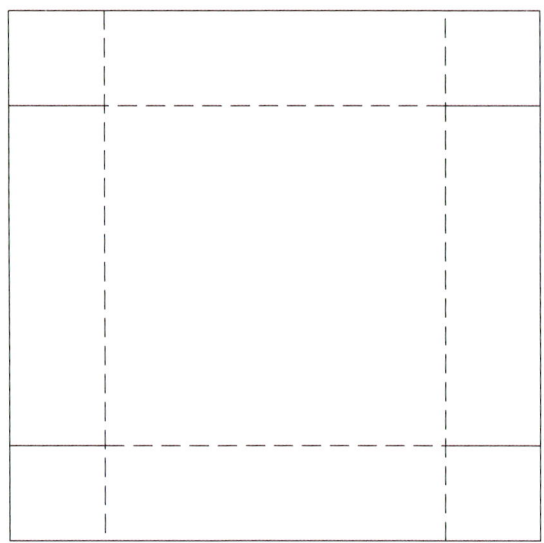

Kuchenschachteln
Seite 22/23
Die Vorlage auf 285 % vergrößern

Kuchenschachteln
Seite 22/23

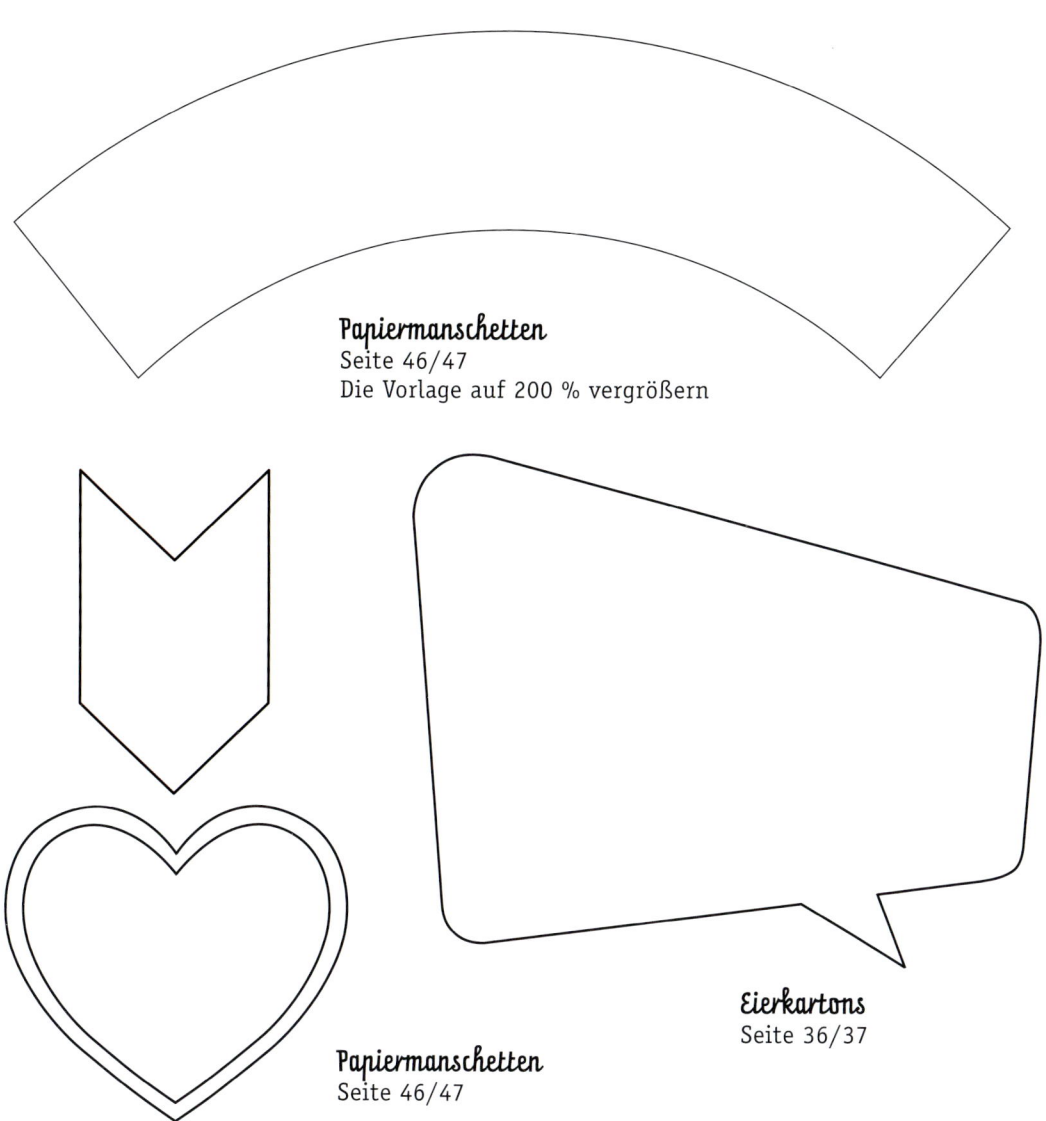

Papiermanschetten
Seite 46/47
Die Vorlage auf 200 % vergrößern

Eierkartons
Seite 36/37

Papiermanschetten
Seite 46/47

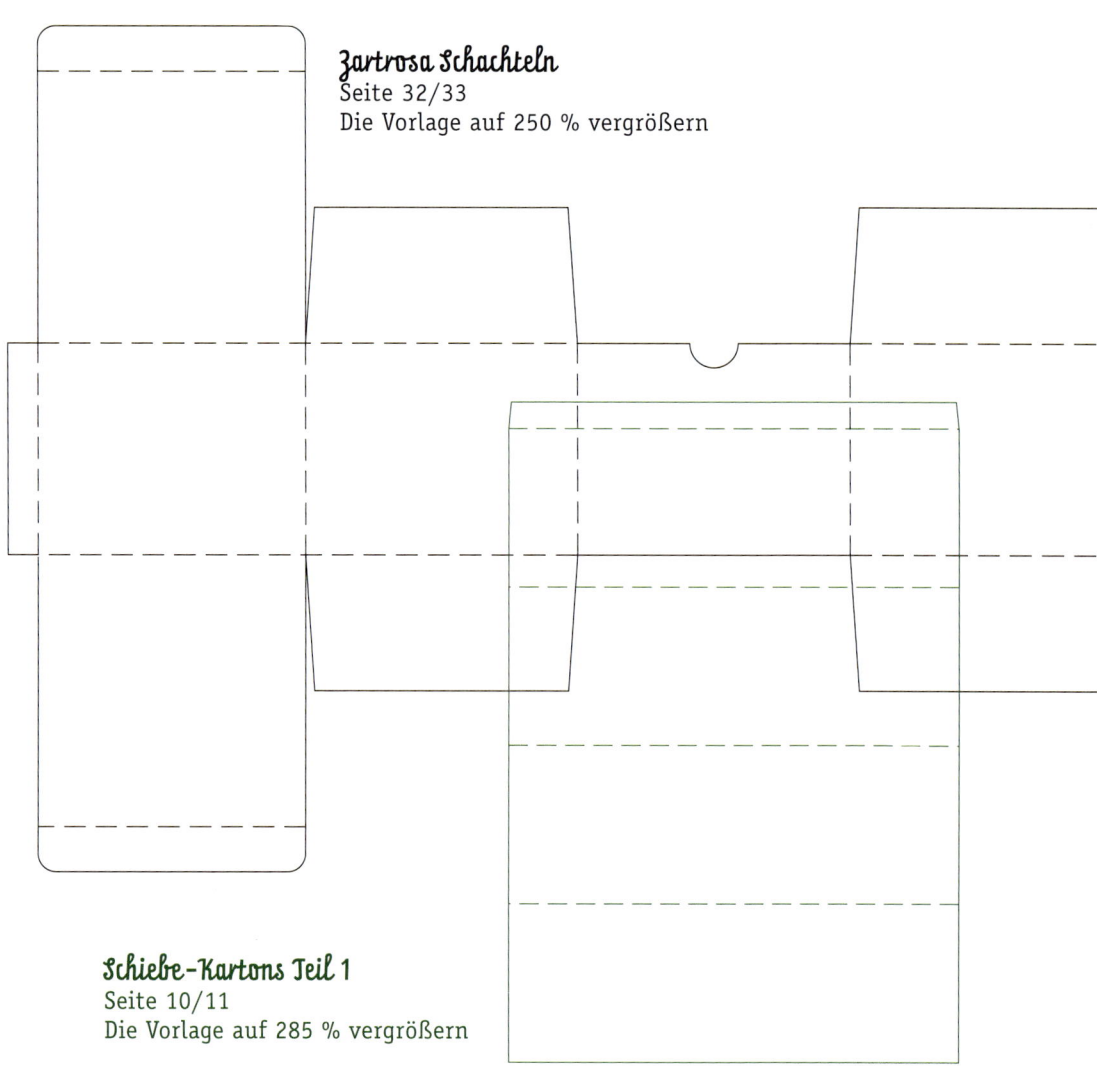

Zartrosa Schachteln
Seite 32/33
Die Vorlage auf 250 % vergrößern

Schiebe-Kartons Teil 1
Seite 10/11
Die Vorlage auf 285 % vergrößern

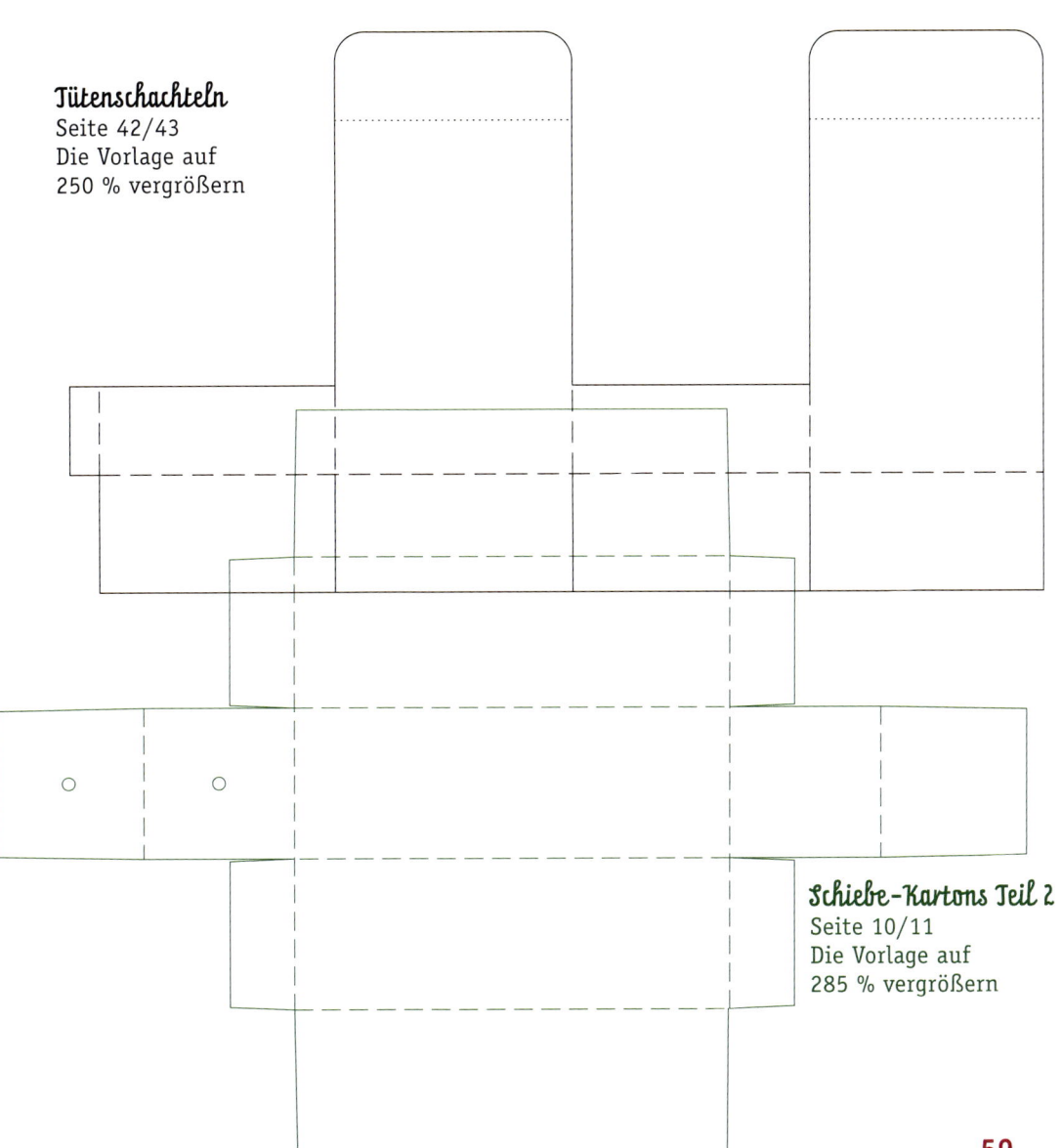

Tütenschachteln
Seite 42/43
Die Vorlage auf
250 % vergrößern

Schiebe-Kartons Teil 2
Seite 10/11
Die Vorlage auf
285 % vergrößern

Die kreative Manufaktur
Selbermachen. Genießen. Verschenken.

Bücher aus der kreativen Manufaktur

TOPP 5900
978-3-7724-5900-9

TOPP 5902
978-3-7724-5902-3

TOPP 5901
978-3-7724-5901-6

TOPP 5903
978-3-7724-5903-0

Kreative manufaktur

TOPP 5904
978-3-7724-5904-7

TOPP 5905
978-3-7724-5905-4

TOPP 5906
978-3-7724-5906-1

TOPP 5907
978-3-7724-5907-8

TOPP 5908
978-3-7724-5908-5

TOPP 5909
978-3-7724-5909-2

TOPP 5912
978-3-7724-5912-2

TOPP 5917
978-3-7724-5917-7

Die kreative Manufaktur
im handlichen Geschenkbuchformat

TOPP 5910
978-3-7724-5910-8

TOPP 5911
978-3-7724-5911-5

TOPP 5913
978-3-7724-5913-9

TOPP 5914
978-3-7724-5914-6

TOPP 5915
978-3-7724-5915-3

Die Autorinnen

Karina Schmidt

Die Liebe zum Kochen entdeckte Karina Schmidt schon als Jugendliche. Die eigenen Rezepte „nur" Freunden oder der Familie zu präsentieren, reichte ihr jedoch irgendwann nicht mehr aus. Inzwischen hat Karina Schmidt mehrere Bücher zum Thema Kochen und kulinarische Entdeckungsreisen geschrieben, veranstaltet Kochseminare und arbeitet als freiberufliche Foodstylistin.

Gesine Harth

Karina Schmidt

Gesine Harth

Gesine Harth studierte Kommunikationsdesign und Innenarchitektur in Köln und Wiesbaden. Ihr Interesse an unterschiedlichen Materialien und deren Gestaltungsmöglichkeiten hat sie hierbei vertieft und um einige Facetten erweitert – doch am meisten faszinierte und fasziniert sie noch immer das Papier und seine Vielseitigkeit.

Feine Papeterieartikel sind auch im Shop der Autorin auf dawanda erhältlich: http://de.dawanda.com/shop/Fraeulein-Frohgemut

Impressum

Verpackungsmodelle: Gesine Harth
Rezeptentwicklung: Karina Schmidt

Fotos: frechverlag GmbH, 70499 Stuttgart; fotolia: Greenpapillon (Seite 20 unten), Maystock (Seite 24 oben Mitte), PhotoSG (Seite 24 oben links), Kuvona (Seite 25 oben links), Monropic (Seite 25 unten Mitte), Jörg Beuge (Seite 25 unten rechts); lichtpunkt, Michael Ruder, Stuttgart (alle übrigen)

Reihenkonzept: Katrin Hartmann
Produktmanagement: Katrin Hartmann
Lektorat: Antje Krause
Markendesign und Layout: N I T R I B I T T Kommunikation & Design, Thomas Detlaf, Kischa Scheibe, Marco Schenck, www.nitribitt.com
Satz: elektrolyten, Petra Schmidt, München, www.elektrolyten.de

Druck und Bindung: APPL, Wemding

Wir danken den Firmen Rayher Hobby GmbH, Laupheim, Thomas Merlo & Partner AG und Rico Design GmbH, Rakel, für die freundliche Unterstützung mit Material.

Hilfestellung zu allen Fragen, die Materialien und Kreativbücher betreffen:
Frau Erika Noll berät Sie. Rufen Sie an: 05052/911858 (normale Telefongebühren)

1. Auflage 2014
© 2014 frechverlag GmbH, 70499 Stuttgart

ISBN 978-3-7724-5916-0
Best.-Nr. 5916